AF329211

C O P I E

D E L A

CONSULTATION

Par les Citoyens

CAMBACÉRÈS, BIGOT-PRÉAMENEU, FOURNEL, ET BONNET,

Sur l'interprétation de l'article LXVI de la Loi du 24 Août 1793, & LXXXIII de celle du 24 Frimaire, an VI.

LES souffignés qui ont vu & examiné, avec la plus grande attention, les actes de transports de rentes viagères, en date des 19, 21 & 26 Décembre 1788, & auffi les Billets folidaires foufcrits par les Acquéreurs ou Ceffionnaires de ces rentes,

Confultés fur la queftion de favoir fi, en vertu des art. LXVI de la loi du 24 Août 1793 & LXXXIII de la loi du 24 Frimaire dernier, ils peuvent rembourfer à leurs cédans ou vendeurs, ou aux ayant droit de ces derniers, le reftant du prix de leurs acquifitions, de la même manière qu'ils font rembourfés eux-mêmes par la Nation ; c'eft-à-dire en bons

A

de remboursement pour les deux tiers, & en Inscription consolidée pour l'autre tiers ; quel succés pourroit avoir, dans les tribunaux, la contestation qui seroit élevée à cet égard ; & enfin quelle marche ils doivent suivre ;

SONT D'AVIS que pour apprécier le mérite de la prétention que pourroient élever les Signataires des Billets solidaires, & des contrats d'acquisitions de rentes viagères de 1788, il faut connoître l'esprit qui a dicté l'art. LXVI de la loi du 24 Août 1793, les cas pour lesquels elle a été décrétée, & la similitude qui peut se trouver entre les Acquéreurs de rentes viagères, & les propriétaires d'offices, cautionnements, fonds d'avance, &c. en faveur desquels avoit été inféré, dans la loi de 1793, l'article LXVI, ci-dessus indiqué.

La Convention nationale crut devoir, il y a près de cinq ans, changer le mode de remboursement, des offices, cautionnements, fonds d'avance, & autres créances de cette nature. Elle décréta que le remboursement, au lieu de s'opérer en assignats, se feroit désormais en Inscriptions sur le Grand-livre.

Mais en même-temps, qu'elle décrétoit ce mode de remboursement par la Nation, aux titulaires d'offices ou de places de finance, la Convention considéra que ceux-ci avoient des créanciers qui s'étoient liés à leur sort, ou plutôt qui avoient exigé un privilége sur l'office ou sur le cautionnement, & dont, par conféquent, l'office ou le cautionnement étoit le gage, l'objet dont les créanciers étoient nantis, & en quelque forte propriétaires véritables, quoique leurs débiteurs en fuffent titulaires. Le Corps légiſlatif crut donc de fa juſtice d'autorifer les créanciers de la Nation, rembourfés en Infcriptions, de s'acquitter à leur tour, envers leurs créanciers privilégiés fur l'objet rembourfé, de la même manière qu'ils l'étoient eux-mêmes.

En conféquence l'article LVXI de la loi du 24 Août 1793 fut décrété, il porte :

« Les créanciers directs de la Nation, pour des fommes » au-deffus de 3,000 liv. provenant de la dette exigible & » foumife à la liquidation, font autorifés à divifer l'Inf- » cription qui fera faite à leur crédit, pourvu toutefois » qu'aucune fraction ne foit inférieure à 50 liv. de rentes, » & ils pourront rembourfer, au moyen d'un transfert, » leurs créanciers perfonnels, ayant hypothèque fpéciale » ou privilége fur l'objet liquidé. »

On voit bien clairement quel étoit l'efprit de cet article, comme on apperçoit quel étoit fon objet.

Son efprit étoit de confidérer le prêteur avec privilége & affectation fpéciale, comme un véritable propriétaire de l'objet dont il avoit voulu être nanti pour fa fûreté, & de voir dans le titulaire, un propriétaire précaire plus apparent que réel, qui ne jouiffoit de fon office ou de fa place, que

A 2

comme grevé du nantiffement qu'on avoit exigé de lui.

Son objet étoit de céder au cri de l'équité, en autori-
fant le créancier de la Nation, rembourfé par une Infcription, à rembourfer de même, à fon tour, fon créancier
privilégié qui avoit affectation fpéciale fur l'objet.

En un mot, le nantiffement, le privilége, exigés par le
créancier du titulaire, ont été confidérés comme affociant
l'un à l'autre, & tous deux au fort de l'objet rembourfé.

Cet article LXVI de la loi du 24 Août 1793, confolidé
& corroboré par la loi récente du 24 Frimaire dernier;
l'article LXXXIII de cette loi confirme la faculté de cette
libération en faveur *des propriétaires d'Infcriptions qui étoient
déjà autorifés par les loix précédentes*, à profiter de ce mode
de libération.

Maintenant il faut voir quelle peut être, par rapport aux
Acquéreurs de rentes qui nous confultent, l'application de
ces principes & de ces loix.

D'abord, fans doute, il paroîtroit que les loix citées
n'ont point prévu les cas où fe trouvent les Acquéreurs de
rentes, & qu'ils ne peuvent pas argumenter du texte précis
de la loi de 1793, qui ne parle que des créanciers directs
de la Nation, pour des fommes provenantes alors de la
dette exigible *foumife à la liquidation*. Ce n'eft pas là pré-
cifément la nature de la créance des propriétaires de rentes,
ou du moins elles n'ont pu participer à cette nature, que

(5)

depuis la derniere loi, ainſi à la premiere lecture de la loi, il peut s'élever des doutes ſur les arguments à préſenter en faveur des Acquéreurs, & ſur l'application, par eux reclamée, de l'art. LXVI tranſcrit ci-deſſus.

Mais, ſi du texte précis de la loi, on paſſe à ſon eſprit bien évident, à ſes motifs, à ſon objet, il eſt impoſſible de nier que cet eſprit, ces motifs, cet objet, ne militent de la maniere la plus forte, en faveur des Acquéreurs de rentes qui nous conſultent.

Nous avons vu plus haut que la loi avoit eu pour but de conſidérer le vendeur d'office, non payé de ſon prix ou de partie de ſon prix, comme ayant en quelque ſorte la propriété réelle de l'objet. Elle a conſidéré l'objet ſur lequel il a privilège comme *le ſien*.

Mais ici, voici des Inſcriptions vendues par des hommes qui, en les vendant, *ſe les réſervent toutes entieres*. Le vendeur tranſporte ſa rente, & cependant elle continue *d'être ſienne ;* il ſe réſerve auſſi expreſſément un privilége.

» Le C. . . . (acquéreur) a *ſpécialement* & par *privilége*,
» EXPRESSÉMENT RÉSERVÉ par . . . (le vendeur) AFFECTÉ
» & HYPOTHÉQUÉ les. . . (la ſomme) de rentes viagères,
» préſentement tranſportées au paiement des . . . (le
» prix) dûs aux vendeurs ».

Le vendeur d'un office, le prêteur ſur un cautionnement,

(6)

ont-ils jamais fait une réferve plus expreffe ? Ont-ils ma-
nifeflé d'avantage l'intention de conferver une affeCtatioN
fpéciale ?

Ce n'eft pourtant pas tout encore.

Le vendeur n'eft pas content de ce privilége expreffé-
ment réfervé fur la rente elle-même, en conféquence il
fait ajouter à l'aCte, les claufes fuivantes :

1º. Le vendeur fe réferve *le droit excluſif de percevoir
les arrérages pendant huit années.*

2º. Il ſlipule que le privilége qu'il s'eft réfervé, *lui eſt
acquis à titre de gage & de nantiſſement.*

3º. Il fait renoncer l'Acquéreur *au droit de fe faire immatriculer* avant huit années, à dater du contrat.

Telles font les additions que le vendeur de la rente
viagère fait encore au privilége & à l'affeCtation fpéciale
qu'il fe réferve.

Certes, jamais les prêteurs de fonds fur offices ou fur
fonds d'avance, &c. n'ont fait de fpéculations auffi éten-
dues, auffi formelles & defquelles il réfulte auffi clairement
l'intention de conferver encore un droit de préférence,
une vraie propriété fur l'objet, fur lequel la créance eft
affife.

1º. Privilége *expreſſément* réfervé, affeCtation fpéciale
(art. II de l'aCte de la vente de Décembre 1788).

2º. *Compenſation, nantiſſement & gage,* (art. I & III).

3°. Confentement *irrévocable* de l'Acquéreur à ce que le vendeur perçoive les arrérages *de la rente viagère* pendant huit ans, à valoir fur le prix de la vente, (art. III du même acte).

4°. Renonciation de l'Acquéreur à fe faire immatriculer avant huit années, (même article).

Peut-il y avoir un plus grand nombre de fignes, que le vendeur a voulu fe lier au fort de la chofe vendue, fe la réferver encore après l'avoir tranfportée? Peut-il être mieux prouvé que l'efprit qui a dicté l'art. LXVI de la loi du 24 Août 1793, eft tout en faveur des Acquéreurs de rentes, & que ces Acquéreurs mêmes font plus favorables que les Acquéreurs d'offices, ou les titulaires de places de finance?

Ceux-ci font moins favorables & moins placés dans l'intention de la loi, puifque ces titulaires d'offices ou de places, étoient des propriétaires moins précaires de l'objet par eux acquis & liés dans leur acquifition, par un moins grand nombre de claufes & de réferves expreffes.

Ils font moins favorables encore fous un autre point de vue, puifque, propriétaires d'offices honorifiques, ou de places de finance lucratives, ils ont pu voir s'ouvrir pour eux feuls des chances avantageufes que leurs vendeurs ou prêteurs ne partageoient point; tandis que les Acquéreurs de rentes viagères n'ont eu rien de femblable à efpérer, puifqu'ils étoient abfolument limités, à la perception (éventuelle encore) de leurs arrérages.

Ajoutons à toutes ces confidérations que les vendeurs de rentes, en 1788 , ont, depuis cette époque , perçu une portion confidérable de leur prix, & qui furpaffe cinq ou fix fois leur valeur actuelle, & qu'il ne s'agit ici que d'autorifer les Acquéreurs à fe libérer en Infcriptions du reflant feulement dû de leur prix.

Toute cette difcuffion mène fans doute à ce réfultat irréfiftible, c'eft que les Acquéreurs de rentes grevées de réferve de privilége, plus favorables que les titulaires d'offices, placés plus immédiatement qu'eux dans l'efprit de l'art. LXVI de la loi de 1793 , doivent, d'après les principes d'équité & par argument *à fortiori*, pouvoir invoquer l'application de cet article.

Cependant pourroient-ils, avec avantage, faire valoir ce moyen dans les tribunaux, & efpérer un fuccès heureux ?

Sans doute, les juges ne pourront fe diffimuler la parfaite fimilitude qu'il y a entre leur pofition & celle des propriétaires d'Infcriptions dont parle la loi de 1793. Sans doute ils pourront aller plus loin, & voir que l'intention de cette loi s'applique plus directement à eux ; mais au milieu de cette confidération, les juges pourront-ils interpréter en quelque forte la loi, par les motifs qui l'ont dictée ? Il s'éleve, à cet égard, des doutes graves , la diverfité d'opinion , fur ce point, eft très-vraifemblable. D'un côté, la maxime éternelle de juftice & de jurifprudence qu'il faut décider de même où il y a parité de raisons & identité de motifs, *ubi eadem ratio, idem jus*; de l'autre, le principe dans lequel il faut se retrancher plus sévèrement que jamais, un principe, qui, sous le régime de la liberté, ne peut jamais être enfreint ; qu'au Corps législatif seul appartient le droit de faire des loix, & même de les interpréter, lorsqu'il y a silence ou obscurité. Voilà l'alternative où se trouveront placés les juges. Dans cette position, l'issue d'une contestation judiciaire est impossible à prévoir, & les soussignés ne peuvent assurer le succès aux Acquéreurs de rentes viagères. Cependant ces Acquéreurs, après avoir payé une très-grande partie de leur prix, voyent ces rentes, dont ils étoient propriétaires *précaires & éventuels*, remboursées en bons nationaux pour les deux tiers, & le dernier tiers fondu dans une nouvelle Inscription consolidée. La justice, l'équité sollicitent, en leur faveur, l'application de l'article LXVI de la loi du 24 Août 1793 ?

Non, sans doute, il n'y a pas une raison plausible à donner contre la justice de leurs prétentions. Mais au milieu de ces doutes, & dans l'incertitude du jugement qui pourroit intervenir, c'est au Corps législatif qu'ils peuvent & doivent s'adresser, pour voir réparer le tort que pourroit leur faire l'obscurité de la loi ; c'est là que la loi peut être étendue & interprétée ; c'est là que le cri de l'équité ne sera point méconnu, & que leurs réclamations font assurées du succès.

Une Pétition dans laquelle feront indiqués en peu de mots & avec clarté leur fituation & leur droit, appellera l'attention du Corps légiflatif, & ne fauroit manquer d'être fuivie d'une loi interprétative qui étendra aux Pétitionnaires l'application de l'article LXVI de la loi du 24 Août 1793.

Telle eft la feule marche qu'aient à fuivre, en cet inftant, les Acquéreurs de rentes viagères ; cette marche même leur eft tracée par le rapport fait au Confeil des Anciens, au nom de la Commiffion, par le repréfentant Lecoulteux. Voici comment il s'exprime :

« Il eft étonnant que cette difpofition n'ait pas été éten
» due aux créanciers de la dette non exigible ; c'eft-à-
» dire, à tous les propriétaires de rentes perpétuelles &
» viagères, dont le titre originaire a été affeflé d'une hypo-
» thèque privilégiée ou fpéciale.

» D'abord, la juftice l'exigeoit : non-feulement on ne
» voit pas pourquoi on traiteroit moins favorablement les
» créanciers de la dette conftituée, que ceux de la dette
» exigible ; mais s'il y avoit une préférence à accorder,
» elle devroit être en faveur des premiers. En effet, l'on
» fait que ces hypothèques fe donnoient généralement,
» non pas de la maniere ordinaire, mais par la tranfmif
» fion de la propriété de l'Infcription, ou de la créançe
» fur l'Etat, en faveur de celui qui avançoit les fonds, &

» qui donnoit une contre-lettre à l'Acquéreur qui étoit le
» vrai propriétaire. Cette difposition, ôtant à ce dernier
» tous moyens de difpofer de fa propriété, la plupart de
» ces propriétaires d'Infcriptions ont été forcés de les laiffer
» dépérir, fans pouvoir les vendre en temps utile.

» Mais il y a plus ; l'intérêt de l'Etat exige impérieufe-
» ment cette difpofition, fous le rapport de la politique.

» La plupart des porteurs de créances privilégiées fur les
» rentes foit perpétuelles, foit viagères, font des étran-
» gers, fur-tout des Génois, qui ont fait, dans le temps,
» des avances de cette efpèce, non-feulement aux particu-
» liers, mais aux grandes communes, telles que Lyon,
» Touloufe , &c., pour des embelliffemens & établiffemens
» publics ; enforte que, fi, par une loi particulière & ur-
» gente, l'on n'étend pas la loi d'Août 1793 aux créanciers
» de la dette conflituée, ou aux porteurs d'Infcriptions,
» non-feulement il y aura une foule de citoyens de ruinés,
» mais il fortira une fomme de 80 à 100 millions de nu-
» méraire de la France.

» Il fuffit d'avoir indiqué ces détails, pour efpérer que le
» Confeil des Cinq-cents prenne promptement une réfolu-
» tion à ce fujet. »

Telle eft, dans l'état actuel de la léiflation, la feule
marche à tenir par les Acquéreurs de rentes viagères. Cette
marche paroît devoir affurer le fuccès. Mais rifquer, en cet

inftant, de porter leur demande dans les tribunaux, ce feroit s'expofer à voir rejetter une prétention dont l'équité,
bien fentie par les juges, céderoit dans leur efprit à ce
qu'ils regarderoient comme la néceffité d'une application
rigoureufe du texte précis des loix.

DÉLIBÉRÉ à Paris, ce 13 Pluviôfe de l'an VI de la
République Françoife.

Signé, CAMBACÉRÈS,
BIGOT-PRÉAMENEU,
FOURNEL,
BONNET.

A PARIS,

De l'Imprimerie de M. R. HUZARD, rue de l'Eperon, entre la rue du Cimetiere
St.-André-des-Ats & celle du Battoir.

An VI.